BEI GRIN MACHT SICH
WISSEN BEZAHLT

- Wir veröffentlichen Ihre Hausarbeit,
  Bachelor- und Masterarbeit

- Ihr eigenes eBook und Buch -
  weltweit in allen wichtigen Shops

- Verdienen Sie an jedem Verkauf

Jetzt bei www.GRIN.com hochladen
und kostenlos publizieren

Länderverfassungen im 19. Jahrhundert. Das Fürstentum Schaumburg-Lippe

Daniel Freitag

Bibliografische Information der Deutschen Nationalbibliothek:

Die Deutsche Nationalbibliothek verzeichnet diese Publikation in der Deutschen Nationalbibliografie; detaillierte bibliografische Daten sind im Internet über http://dnb.d-nb.de abrufbar.

ISBN: 9783346903501
Dieses Buch ist auch als E-Book erhältlich.

Daniel Freitag

Seminararbeit
Länderverfassungen im 19. Jahrhundert
am Beispiel des Fürstentums Schaumburg-Lippe
- Ein Kleinstaat behauptet sich -

Inhaltsverzeichnis

Literatur und Quellenverzeichnis

Boldt, Hans. *Deutsche Verfassungsgeschichte, Bd. 2, Von 1806 bis zur Gegenwart.* München, 1990.

Fischer, Hans-Jürgen. *Die Rheinbundpolitik Schaumburg-Lippes und ihre Rechtsfolgen.* Rinteln, 1975.

Hauptmeyer, Carl-Hans. *Souveränität, Partizipation und absolutistischer Kleinstaat. Die Grafschaft Schaumburg (-Lippe) als Beispiel.* Hildesheim, 1980.

Havliza, Rolf Michael. *Die Verfassungsentwicklung im Fürstentum Schaumburg-Lippe 1848/49, Diss.* Universität Kiel, 1975.

Höing, Hubert (Hrsg.). *Vom Ständestaat zur freiheitlich-demokratischen Republik, Etappen in Schaumburg.* Melle, 1995.

Huber, Ernst Rudolf (Hrsg.). *Dokumente zur deutschen Verfassungsgeschichte, Bd. 1, Deutsche Verfassungsdokumente 1803-1850, 2. Auflage.* Stuttgart, 1961.

Hundt, Michael (Hrsg.). *Quellen zur kleinstaatlichen Verfassungspolitik auf dem Wiener Kongreß. Die mindermächtigen deutschen Staaten und die Entstehung des Deutschen Bundes 1813-1815.* Hamburg, 1996.

Jeserich, Kurt G.A.; Pohl, Hans; Unruh, Georg-Christoph von (Hrsg.). *Deutsche Verwaltungsgeschichte, Bd. 2, Vom Reichsdeputationshauptschluß bis zur Auflösung des Deutschen Bundes .* Stuttgart, 1983.

Klüber, Johann Ludwig (Hrsg.). *Acten des Wiener Congresses in den Jahren 1814 und 1815, Bd. 1, Hefte 1-4. Neudruck der Ausgabe 1815.* Osnabrück, 1966.

Kotulla, Michael. *Deutsches Verfassungsrecht 1806-1918, Band 3, Berg und Braunschweig.* Berlin Heidelberg, 2010.

—. *Deutsches Verfassungsrecht 1806-1918, Bd. 1, Gesamtdeutschland, Anhaltische Staaten und Baden.* Berlin Heidelberg, 2006.

Lathwesen, Heinrich. *Der Schaumburg-Lippische Landtag und seine Abgeordneten .* Bückeburg, 1974.

Meyer, Stefan. *Georg Wilhelm Fürst zu Schaumburg-Lippe. Absolutistischer Monarch und Großunternehmer an der Schwelle zum Industriezeitalter.* Bielefeld, 2007.

Pieroth, Bodo. „Historische Etappen des Rechtsstaats in Deutschland." *JURA*, 2011: 729-735.

Schliesky, Utz. *Souveränität und Legitimität von Herrschaftsgewalt. Die Weiterentwicklung von Begriffen der Staatslehre und des Staatsrechts im europäischen Mehrebenensystem.* Tübingen, 2004.

Schneider, Karl Heinz. *Die landwirtschaftlichen Verhältnisse und die Agrarreformen in Schaumburg-Lippe im 18. und 19. Jahrhundert.* Rinteln, 1983.

Schulze, Hermann. *Einleitung in das deutsche Staatsrecht. Mit besonderer Berücksichtigung der Krisis des Jahres 1866 und der Gründung des Norddeutschen Bundes, Neue Ausgabe.* Leipzig, 1867.

Stoerk, Felix (Hrsg.); Rauchhaupt, Friedrich Wilhelm von (Bearb.). *Handbuch der Deutschen Verfassungen. Die Verfassungsgesetze des Deutschen Reiches und seiner Bundesstaaten nach dem gegenwärtigen Gesetzesstande, 2. Auflage.* München, Leipzig, 1913.

Wiegmann, W. (Bearb.). *Heimatkunde des Fürstentums Schaumburg-Lippe: für Schule und Haus, 2. Auflage.* Hameln, 1990.

Gedruckte Quellen

Schaumburg-Lippische Landesverordnungen, Bd. 4, Bückeburg 1837.

Schaumburg-Lippische Landesverordnungen, Bd. 5, Bückeburg 1839.

Schaumburg-Lippische Landesverordnungen, Bd. 10, Bückeburg 1870.

Archivarische Quellen

Niedersächsisches Landesarchiv Bückeburg F 2 Nr. 2558, *Materialien zur Landesverfassung von Schaumburg-Lippe.*

Bildnachweis

Wappen Schaumburg-Lippe:

https://deutsche-schutzgebiete.de/wordpress/projekte/kaiserreich/fuerstentum-schaumburg-lippe/#jp-carousel-20573

Vorwort

„[...] Überhaupt gewährt das Land mehr das Bild eines dem Fürsten gehörenden großen Rittergutes, als eines selbstständigen constitutionell regierten Staates."[1]

Mit diesem Kommentar beschreibt ein Zeitgenosse um 1840 Schaumburg-Lippe. Ob diese leicht spöttische Aussage zutrifft, soll diese Arbeit ergründen. Es soll ein Überblick über die Verfassungsentwicklung des Kleinstaates Schaumburg-Lippe gegeben werden. Als Untersuchungszeitraum ist das lange 19. Jahrhundert zugrunde gelegt. Im Einzelnen wird auf das aus dem Landesvergleich von 1791 abgeleitete Verfassungsrecht, den Einfluss Napoleons, die Entwicklung nach dem Wiener Kongress, das Revolutionsjahr 1848 und seine Folgen und schließlich auf die Verfassung von 1868 eingegangen. Einleitend wird zunächst eine kurze Einführung in die Geschichte des Hauses Schaumburg-Lippe gegeben. In der Gesamtschau soll schließlich ergründet werden, wie es dem kleinen Fürstentum gelang, die Wirrungen der Zeit zu überdauern und sich erfolgreich gegen mächtigere Staaten zu behaupten. Zudem soll die Frage geklärt werden, wie es möglich war, in Zeiten des politischen Umbruchs gar als einziger deutscher Staat in den Revolutionsjahren ohne eine entsprechende Verfassung auszukommen.

---

[1] Polley, Rainer: Die Landesverfassung von Schaumburg-Lippe und Kurhessen im 19. Jahrhundert, in: Höing, Hubert (Hrsg.): Vom Ständestaat zur freiheitlich-demokratischen Republik, Etappen in Schaumburg, Melle 1995, S. 17.

1

I. Das Haus Schaumburg-Lippe

1. Die alte Grafschaft Schaumburg

a) Territoriale Entwicklung

Über die ersten schaumburgischen Grafen fehlen verlässliche Quellen.[2] Das Geschlecht der Schaumburger herrschte jedoch nachweislich bereits im 13. Jahrhundert, vermutlich sogar früher.[3] Die alte Grafschaft Schaumburg erstreckte sich vor ihrer Teilung vom Steinhuder Meer im Norden bis in die Nähe von Hameln im Süden, vom Westen über die Porta Westfalica bis an den nördlichen Teil des Deisters im Osten.[4]

b) Die Grafschaft Schaumburg-Lippe

Die Grafschaft Schaumburg-Lippe ging aus der Teilung der alten Grafschaft Schaumburg 1647 hervor.[5] Grund für die Teilung war der aufkeimende Streit über verschiedene Rechtsansprüche mehrerer Häuser nach dem Tod des erbenlosen Grafen Otto V. im Jahr 1640.[6] Gräfin Elisabeth, die Mutter Ottos V., kam der kompletten Auflösung der Grafschaft zuvor, indem sie ihrem Bruder, Graf Philipp zur Lippe die Regentschaft übertrug.[7] Die Verhandlungen über Ansprüche Hessen-Kassels mündete in dem Münsterschen Hauptteilungsrezess vom 9./19. Juli 1647 und dem Schaumburger Exekutionsrezess vom 12. Dez. 1647.[8] Im Zuge der Verhandlungen ging der östliche Teil der Grafschaft Schaumburg an das Fürstentum Calenberg.[9] Der gesamte übrige Teil fiel an die Landgrafen von Hessen-Kassel, jedoch ohne den Teil im Nordwesten, welcher, mit umfassenden Hoheitsrechten versehen, an den Grafen Philipp zur Lippe überging.[10] Hinzu kam außerdem das Amt Alverdissen, welches von Graf Philipp als Mitglied des Hauses Lippe regiert wurde.[11] Für die aus der Teilung hervorgegangene Grafschaft bürgerte sich schließlich der Name Schaumburg-Lippe ein.[12]

---

[2] Vgl. Wiegmann, W.: Heimatkunde des Fürstentums Schaumburg-Lippe: für Schule und Haus, Hameln 1990, S. 213.
[3] Vgl. Hauptmeyer, Carl-Hans: Souveränität, Partizipatation und absolutistischer Kleinstaat. Die Grafschaft Schaumburg (-Lippe) als Beispiel, Hildesheim 1980, S. 78.
[4] Vgl. Hauptmeyer, S. 77f.
[5] Vgl. Hauptmeyer, S. 77f.
[6] Vgl. Hauptmeyer, S. 78.
[7] Vgl. Wiegmann, S. 254.
[8] Hauptmeyer, S. 79.
[9] Hauptmeyer, S. 79.
[10] Vgl. Hauptmeyer, S. 79.
[11] Vgl. Meyer, S. 19; Wiegmann, S. 256.
[12] Vgl. Meyer, S. 20.

Die Autonomie des an Lippe übertragenen Teils, erfuhr jedoch Einschränkungen, da es sich um ein sog. „Afterlehen" seitens Hessen-Kassels handelte.[13] So behielt man sich bei einigen Besitzungen und Herrschaftsrechten eine gemeinsame Administration vor.[14] Während seiner Regentschaft bemühte sich Graf Philipp jedoch nach Kräften die gemeinsam ausgeübten Rechte und somit den hessischen Einfluss zu verringern, indem er einige Besitzungen gänzlich an Hessen-Kassel abtrat.[15] Zu den wichtigsten Errungenschaften des Grafen Philipp zählt die Durchsetzung der testamentarisch festgelegten Primogeniturordnung, welche etwaige Teilungen verhinderte.[16] Für den späteren Verlauf außerdem bedeutsam ist die von Graf Philipp gegründete Nebenlinie Schaumburg-Lippe-Alverdissen, welche die Grafschaft mehr als einmal vor dem Untergang retten sollte.[17]

II. Schaumburg-Lippe zu Beginn des 19. Jahrhunderts

Anfang des 19. Jahrhunderts zählte die Grafschaft Schaumburg-Lippe 20 132 Einwohner und umfasste eine Fläche von 340 Quadratkilometern.[18] Die Menschen lebten überwiegend im ländlichen Raum, dazu kamen die beiden Städte Stadthagen und Bückeburg, sowie die Flecken Hagenburg und Steinhude.[19] Die Grafschaft war ein typischer absolutistischer Kleinstaat. An der Spitze des Staates stand der Landesherr, der mit absoluten Rechten ausgestattet die Regierungsgewalt allein in den Händen hielt.[20] Die Verwaltung sowie polizei- und lehnsrechtliche Angelegenheiten übernahm die Regierungskonferenz.[21] Davon getrennt existierte die Rentkammer, welche sowohl das fürstliche Domanialvermögen als auch die Staatskasse verwaltete.[22] Als Obergericht fungierte die seit 1756 von der Regierungskonferenz getrennte Justizkanzlei.[23] Vollständig unabhängig war die Rechtspflege jedoch nicht, da die Regierungsmitglieder gleichzeitig Räte in der Justizkanzlei waren.[24]

---

[13] Vgl. Meyer, Stefan: Georg Wilhelm Fürst zu Schaumburg Lippe (1784-1860). Absolutistischer Monarch und Großunternehmer an der Schwelle zum Industriezeitalter, Bielefeld 2007, S. 18.
[14] Vgl. Hauptmeyer, S. 80; Meyer, S. 18.
[15] Vgl. Meyer, S. 24.
[16] Meyer, S. 23f.; Hauptmeyer, S. 80.
[17] Meyer, S. 25.
[18] Hauptmeyer, S. 80.
[19] Vgl. Hauptmeyer, S. 80f.
[20] Havliza, Rolf Michael: Die Verfassungsentwicklung im Fürstentum Schaumburg-Lippe 1848/49, Diss., Universität Kiel 1975, S. 9.
[21] Ebd., S. 9f.
[22] Ebd., S. 10.
[23] Ebd., S. 11.
[24] Ebd., S. 10, vgl. Meyer, S. 221.

1. Verfassungsrechtliche Ausgangssituation

Die verfassungsrechtliche Ausgangssituation Schaumburg-Lippes zu Beginn des 19. Jahrhunderts beschreibt Havliza wie folgt:

In Schaumburg-Lippe existierte zu Beginn des 19. Jahrhunderts „keine geschriebene Verfassung im Sinne einer Verfassungsurkunde." Das Verfassungsrecht der Grafschaft war somit allein materiellrechtlicher Natur. Dieses resultierte überwiegend aus dem Gewohnheitsrecht und entsprechenden Landesgesetzen. Neben diesem Territorialstaatsrecht existierten auch noch reichsrechtliche Vorschriften etwa über die Herrschaftsausübung.[25] Normierte Grund- Freiheits- oder Bürgerrechte existierten zu dieser Zeit, ähnlich wie in anderen Staaten, noch nicht.[26]

2. Der Landesvergleich vom 3. Dezember 1791

Eine weitere wichtige verfassungsrechtliche Quelle bildete der Landesvergleich von 1791.[27] Dieser wurde zwischen den Ämtern Bückeburg, Stadthagen und Hagenburg und der schaumburg-lippischen Regierung getroffen.[28] Anlass war ein vorangegangener Prozess vor dem Reichskammergericht zwischen dem 1787 verstorbenen Grafen Philipp Ernst zu Schaumburg-Lippe und besagten Ämtern bezüglich der Besteuerung der Untertanen.[29] Der Vergleich enthält neben der Klärung der Streitfrage (§§ 2, 4 bis 9) auch einige Verweise auf bestehende Regelungen etwa bezüglich der Abmeyerung (§ 13) oder der Leibeigenschaft (§ 14).[30] Hervorzuheben sind vor allem die in den §§ 1 und 20 enthaltenen Aussagen:

§ 1: „Es wird allen Landes-Unterthanen vollkommene Sicherheit und Erhaltung bey ihren Rechten und Gerechtigkeiten, Vorzügen, Gebräuchen und Gewohnheiten, wie dieselben solche rechtlich erworben und gebracht haben, zugesagt."[31]

§ 20: „In Ansehung der Justiz-Vormundschaftlichen Regierungs- und Cammer-Sachen bleibt es bey der bisherigen Verfassung."[32]

---

[25] Havliza, S. 9; vgl. Schulze, Hermann: Einleitung in das deutsche Staatsrecht. Mit besonderer Berücksichtigung der Krisis des Jahres 1866 und der Gründung des Norddeutschen Bundes, Leipzig 1867, S. 8.
[26] Havliza, S. 11.
[27] Der Landesvergleich ist als vertragsmäßige Norm den Gesetzen untergeordnet, vgl. Schulze, S. 13f.
[28] Niedersächsisches Landesarchiv Bückeburg F 2 Nr. 2558: Vergleichsurkunde.
[29] Vgl. Ebd. **(VU)**
[30] Vgl. Niedersächsisches Landesarchiv Bückeburg, F 2 Nr. 2558; Havliza, S. 12f.
[31] Niedersächsisches Landesarchiv Bückeburg F 2 Nr. 2558.
[32] Ebd.

Die §§ 1 und 20 geben hier eine Garantie für zuvor erhaltene Rechte der Bürger und verweisen auf die „bisherige Verfassung", bei der es sich mutmaßlich um gewohnheitsrechtliche Sachverhalte handelt.

III. Schaumburg-Lippe unter Napoleon

Der Reichsdeputationshauptschluss 1803 machte deutlich, dass der Zerfall des alten Reiches begonnen hatte. Im Zuge der Mediatisierung der geistlichen Territorien schwand auch der Schutz des Kaisers, auf den die Kleinstaaten angewiesen waren, um nicht von größeren Staaten einverleibt zu werden. Zu dieser Zeit befand sich Schaumburg-Lippe noch in uneingeschränkter vormundschaftlicher Regentschaft durch Graf Johann Ludwig von Wallmoden-Gimborn.[33] Mitte 1806 entschied man sich den erst 21-jährigen Erbgrafen Georg Wilhelm vom Kaiser vorzeitig für volljährig zu erklären, sodass dieser bei Bedarf mit der Regierungsgewalt ausgestattet werden konnte.[34]

Im Jahr 1806 war die zukünftige Souveränität der nur knapp der Mediatisierung entgangenen Grafschaft zunehmend ungewiss. So strebte der Nachbar Hessen, seit 1803 Kurfürstentum, danach die umliegenden Territorien Lippe, Waldeck, Pyrmont, Rheda, Rietberg, Schlitz und auch Schaumburg-Lippe zu annektieren.[35] Diese Pläne fanden auch in Berlin Gehör, da man ein Militärbündnis mit Hessen angesichts der angespannten Beziehung zu Frankreich als durchaus sinnvoll erachtete.[36] Hessens Gebietsforderungen waren jedoch so umfangreich, dass sich die Verhandlungen mit Preußen in die Länge zogen.[37] Nach Preußens Niederlagen in Jena und Auerstedt erledigten sich Verhandlungen, da Preußen nun keine Gebietsansprüche bezüglich Hessen mehr besaß.[38] Hessen selbst hingegen wurde durch Napoleons Truppen besetzt und schließlich dem Königreich Westphalen hinzugefügt.

Der Erbgraf und sein Vormund Wallmoden flohen zu Beginn des Krieges nach Hamburg.[39] Nach der Niederlage Preußens wurde Schaumburg-Lippe von

---

[33] Vgl. Johann Ludwig Graf von Wallmoden-Gimborn-Neustadt in: Allgemeine Deutsche Biographie 40, 1896, S. 756-761 zit. nach: Meyer, S. 37; Mit dem Tode des Grafen Philipp Ernst zu Schaumburg-Lippe am 13. Februar 1787 übernahm Gräfin Juliane bis zu ihrem Tod im Jahr 1799 in Vormundschaft für ihren Sohn, den Erbgrafen Georg Wilhelm, die Regentschaft. Vgl. Meyer, S. 33f.
[34] Vgl. Meyer, S. 67f.; Die Volljährigkeit trat mit Erreichung des 24. Lebensjahres ein.
[35] Vgl. Meyer, S. 68.
[36] Vgl. Meyer, S. 68f.
[37] Vgl. Meyer, S. 69.
[38] Vgl. Ebd.
[39] Vgl. Ebd.

französischen und holländischen Truppen besetzt.[40] Diese zogen alsbald ab und übergaben die Verwaltung der Regierung in Bückeburg; die Belastungen durch das Militär etwa zur Truppenversorgung, die der Grafschaft und ihrer Bevölkerung zusetzten, blieben weiterhin bestehen.[41] Dass Schaumburg-Lippe seitens der Franzosen neutral behandelt wurde, ergab sich durch den Irrtum, dass das Haus Lippe, welchem die Neutralität eigentlich zugesichert worden war, in zwei nebeneinander gleichberechtigten regierenden Linien aufgeteilt sei: der Linie Lippe-Detmold und der Linie Lippe-Bückeburg.[42] Unbemerkt blieb dabei zum einen die faktische Souveränität Schaumburg-Lippes und der Umstand, dass es sich bei Georg Wilhelm um den letzten männlichen Nachfahren eines von Lippe unabhängigen Hauses handelte.[43]

1. Akzessionsvertrag von Warschau

Da man seitens der Regierung jedoch zu der Auffassung gekommen war, dass eine anhaltende Isolation – Schaumburg-Lippe war von französisch besetzten Staaten umringt – keine Besserung der Verhältnisse versprach, schien der Anschluss an den Rheinbund unumgänglich zu werden.[44]

Erst nach der Etablierung des Königreichs Westphalens machte sich Graf Georg Wilhelm auf zum Fürstprimas des Rheinbundes, Karl Theodor von Dalberg, um über einen Beitritt zum Rheinbund zu verhandeln.[45] Schließlich konnte Napoleon dazu zu bewegen werden, Schaumburg-Lippe in den Rheinbund aufzunehmen, wobei der Irrtum, es handele sich bei Georg Wilhelm lediglich um „das Oberhaupt einer lippischen Nebenlinie" eine entscheidende Rolle spielte.[46]

Besiegelt wurde der Beitritt mit dem Akzessionsvertrag von Warschau vom 18. April 1807.[47] Dieser Vertrag regelte nicht nur den Beitritt Schaumburg-Lippes, sondern auch den Lippe-Detmolds (Art. 1). In diesem Zusammenhang ist von den „Fürsten von Lippe-Dettmold [sic!] und Schaumburg-Lippe" (Art. 1) die Rede, wodurch die

---

[40] Vgl. Meyer, S. 69f.
[41] Vgl. Meyer, S. 70.
[42] Vgl. Fischer, Hans Jürgen: Die Rheinbundpolitik Schaumburg-Lippes und ihre Rechtsfolgen, Rinteln 1975, S. 20.
[43] Vgl. Meyer, S. 71.
[44] Vgl. Fischer, S. 22.
[45] Vgl. Fischer, S. 24; Meyer, S. 71.
[46] Meyer, S. 71.
[47] Übersetzung des Vertrages nach P. A. Winkopp (Hrsg.): Die Rheinische Konföderations-Akte, Frankfurt am Mayn 1808, S. 99-102 abgedruckt in: Kotulla, Michael: Deutsches Verfassungsrecht 1806-1918, Bd. 1, Gesamtdeutschland, Anhaltische Staaten und Baden, Berlin Heidelberg 2006, S. 532f.

Grafschaft faktisch zum Fürstentum erhoben wurde.[48] Dieser Rang war für Schaumburg-Lippe indes überlebenswichtig. Denn in Folge der Mediatisierung gab es keine souveränen deutschen Grafen mehr, sodass die Beibehaltung des Ranges einer Grafschaft wohl auch zur Mediatisierung selbiger geführt hätte.[49] Der Beitritt verschaffte Georg Wilhelm zudem einen Sitz im Fürstenkollegium (Art. 2), welcher unter anderem über Durchmarschrechte fremder Truppen durch das Fürstentum zu entscheiden hatte (Art. 3).[50] Ferner wurde die freie Religionsausübung sowohl katholischen als auch evangelischen Glaubens gleichermaßen gewährleistet (Art. 4).[51] Im Gegenzug hatte Schaumburg-Lippe im Kriegsfall 150 Infanteristen zu stellen (Art. 5).[52] Hier war sicherlich die bereits im 18. Jahrhundert etablierte allgemeine Wehrpflicht von Vorteil gewesen.

2. Folgen des Beitritts

Durch den Wegfall der alten Reichsstrukturen besaß Georg Wilhelm nun die absolute Macht; regulierende Instanzen wie das Reichskammergericht gab es nicht mehr.[53] Trotz der Aufnahme in den Rheinbund war eine mögliche Mediatisierung des neuen Fürstentums noch nicht vom Tisch, weshalb sich Georg Wilhelm außenpolitisch bemühte, eine gute Beziehung zu Frankreich aufzubauen.[54] In der Innenpolitik versuchte man sich der französischen Vorherrschaft, welche trotz der versprochenen Eigenständigkeit zunehmend Einfluss zu nehmen begann, entsprechend anzupassen, was zu einigen Reformen führte.[55] So etablierte der 1810 zum Regierungspräsidenten bestellte Jurist Günther Heinrich von Berg im Zuge einer Verwaltungsreform das Ressortprinzip.[56] Notwendig machte dies die Aufgabenlast der Regierung, welche jeweils als oberste Behörde in Sachen Justiz, Verwaltung und Polizei fungierte.[57] Dem Beispiel Frankreichs folgend, veranlasste man außerdem die Gleichstellung der Katholiken im protestantisch geprägten Schaumburg-Lippe.[58] Ein weiterer

---

[48] Ebd.; vgl. dazu auch Meyer, S. 72.
[49] Vgl. Meyer, S. 72.
[50] Vgl. Kotulla, Verfassungsrecht, Bd. 1, S. 533.
[51] Ebd.
[52] Ebd.
[53] Vgl. Meyer, S. 74f.
[54] Vgl. Meyer, S. 73f.
[55] Vgl. Meyer, S. 74.
[56] Vgl. Fischer, S. 58f.
[57] Vgl. Fischer, S. 59.
[58] Vgl. Rescript Serenissimi Regentis an die Regierung, Gleichstellung der Katholiken mit den Augsburgischen Confessions-Verwandten betref. vom 3. Juli 1809 in: Schaumburg-Lippische Landesverordnungen, Bd. 4, Bückeburg 1837, S. 114.

bedeutender Schritt war die Aufhebung der Leibeigenschaft im Jahr 1810.[59] In § 1 der Verordnung heißt es „Alle Unsere Unterthanen [sic!] sollen freie Bürger des Staats seyn [sic!].“[60] Dies umfasste die mit der Leibeigenschaft einhergehenden persönlich zu entrichtenden Abgaben wie etwa die Lösung des Freibriefes, die Entrichtung des Ehetalers oder die Bezahlung des Einkömmlings-Geldes (§ 3).[61] Auf der anderen Seite blieben „sämtliche auf dem Grund und Boden haftenden Verbindlichkeiten unangetastet bestehen.“[62] Hand-, Forst-, Burgfest- und sonstige Dienste sowie Natural- und Geldabgaben und Zinsen galt es weiter zu leisten (§ 14).[63]

Alles in allem war die Aufhebung der Leibeigenschaft eine eher zaghafte Antwort auf die Ablösungsgesetzgebung im Königreich Westphalen.[64] Dennoch darf nicht verkannt werden, dass darin eine der grundlegendsten Errungenschaften der Französischen Revolution begründet ist, die hier auf das Fürstentum Einfluss genommen hat.[65]

Die andauernden Einquartierungen französischer Truppen während des Krieges, für deren Unterhalt Schaumburg-Lippe neben der eigenen Soldaten aufzukommen hatte, sorgten 1812 für eine Reform im Steuerwesen, um den steigenden Ausgaben gerecht zu werden.[66] Zu der bereits 1808 eingeführten Vermögenssteuer[67] kam eine Grundsteuer hinzu.[68] Darunter fielen neben den bis dato von den Steuern befreiten Grundstücken (Art. 7) auch die fürstlichen Hof- und Kammergüter (Art. 8).[69] Damit wurde erstmals auch der adlige Grundbesitz besteuert, was zur damaligen Zeit sehr fortschrittlich war.[70] Des Weiteren sah die Verordnung vor, den Domanial- vom Staatshaushalt zu trennen und letzteren fortan nicht länger der Rentkammer, sondern

---

[59] Vgl. Verordnung wegen Aufhebung der Leibeigenschaft vom 10. Februar 1810 in: Landesverordnungen, Bd. 4, S. 128.

[60] Ebd.

[61] Ebd.; vgl. auch Fischer, S. 61.

[62] Fischer, S. 61.

[63] Vgl. Verordnung wegen Aufhebung der Leibeigenschaft vom 10. Februar 1810 in: Landesverordnungen, Bd. 4, S. 131.

[64] Vgl. Schneider, Karl Heinz: Die landwirtschaftlichen Verhältnisse und die Agrarreformen in Schaumburg-Lippe im 18. und 19. Jahrhundert, Rinteln 1983, S. 176.

[65] Ebd.

[66] Vgl. Fischer, S. 61f.

[67] Verordnung wegen einer auszuschreibenden außerordentlichen Steuer vom 11. November 1808 in: Landesverordnungen, Bd. 4, S. 86ff.

[68] Verordnung die Regulierung des Steuerwesens betref. vom 23 Decbr. 1812 in: Landesverordnungen, Bd. 4, S. 246ff.

[69] Ebd.

[70] Vgl. Fischer, S. 62f.; So wurden vergleichbare Zustände in Preußen etwa erst im Zuge der Stein-Hardenbergschen Reformen 1861 erreicht, vgl. ebd.

der Regierung anzuvertrauen (Art. 1).[71] Die Höhe der Steuerlast sollte anhand eines seitens der Regierung aufzustellenden Etats vom Fürsten zu genehmigen sein (Art 2).[72] Hieran bahnte sich bereits allmählich die Wandlung der Institution Staat an, indem der bisher unumstößliche absolutistische Charakter etwas gelockert und um öffentlich- und privatrechtliche Elemente ergänzt wurde.[73]

3. Der Allianzvertrag mit Preußen vom 7. Dezember 1813

Mit der Wendung des Kriegsglückes Frankreichs ab 1813 musste man sich auch in Schaumburg-Lippe die Frage stellen, wie es im Falle eines Sieges des preußisch-russischen Militärbündnisses für das Fürstentum weitergehen sollte. Dabei war die Erhaltung der Souveränität von allergrößter Bedeutung.[74] Bereits vor dem endgültigen Sieg über Napoleon in der Völkerschlacht zu Leipzig am 19. Oktober 1813 trat Regierungspräsident Berg mit Hannover in Verhandlungen und ersuchte um Schutz und Vertretung Schaumburg-Lippes, sollte dies nötig sein.[75] Im November 1813 bat Georg Wilhelm den Prinzregenten Georg von Großbritannien, er möge Schaumburg-Lippe unter die Protektion Englands stellen. Dies blieb jedoch ohne Erfolg.[76] Um sich doch noch vom Rheinbund lösen zu können und die Souveränität beizubehalten, schickte der Fürst Regierungspräsident Berg nach Frankfurt, um dort um eine Aufnahme in die Koalition zu bitten.[77] Dort versicherte man Berg, man sei gewillt mit allen zum Beitritt beabsichtigten Rheinbundstaaten „„ohne Rücksicht auf die Größe und politisches Gewicht auf gleichem Fuß zu tractieren.[78]"" Eine Ablehnung des Akzessionsvertrags hätte Schaumburg-Lippe den Alliierten ausgeliefert, sodass Berg schließlich unterschrieb.[79] Gemäß dem Vertrag behielt Georg Wilhelm im Gegenzug zu seiner Entsagung vom Rheinbund (Art. 1) seine Souveränität und jegliche Besitzungen, sofern die Unabhängigkeit Deutschlands unterstützt wurde (Art. 4).[80] Zudem sah Artikel 3 eine Sondervereinbarung hinsichtlich der Erreichung der

---

[71] Landesverordnungen, Bd. 4, S. 247.
[72] Ebd.
[73] Vgl. Fischer, S. 63.
[74] Vgl. Fischer, S. 71
[75] Niedersächsisches Landesarchiv Bückeburg F1 A XXXV 28.72: Bericht Bergs v. 23.7.1813 zit. nach: Fischer, S. 72.
[76] Vgl. Fischer, S. 72.
[77] Vgl. Fischer, S. 72f.; Die Koalition bestand aus den siegreichen Mächten Österreich, Preußen und Russland.
[78] Niedersächsisches Landesarchiv Bückeburg F1 A XXXV 28.8: Bericht Bergs, die Konferenz wegen des Beitritts zur großen Allianz betr., Frankfurt/M., 1. 12. 1813 zit. nach: Fischer, S. 74.
[79] Vgl. Fischer, S. 74.
[80] Allianzvertrag von Frankfurt (Preußen ./. Fürstentum Schaumburg-Lippe) vom 1. Dezember 1813 aus dem Französischen übersetzt und abgedruckt in: Kotulla, Verfassungsrecht, Bd. 1, S. 587ff.

deutschen Unabhängigkeit vor.[81] So hatte Schaumburg-Lippe militärisch zur Sicherung seiner Grenzen, und zur Verpflegung der Allianzarmee beizutragen, sowie an der Finanzierung der Kriegsausgaben mitzuwirken.[82] Die vom Fürsten zu stellenden Truppen wirkten am restlichen Kriegsgeschehen bis zum ersten Pariser Frieden vom 30. Mai 1814 mit.[83]

4. Fazit

Der Eintritt in den Rheinbund sicherte die Souveränität Schaumburg-Lippes und verhalf dem Kleinstaat darüber hinaus in den Fürstenrang. Innerhalb dieser Zeit war einiges an politischem und diplomatischem Geschick von Nöten, um die staatliche Eigenständigkeit vor äußeren Bedrohungen zu schützen. Staatsrechtlich hat sich Schaumburg-Lippe erfolgreich gegen den Druck des napoleonischen Modellstaates, dem Königreich Westphalen behaupten können, was sich dadurch zeigt, dass weder eine Verfassung nach französischem Vorbild[84], noch der Code Napoléon eingeführt wurde.[85] Dennoch lassen sich einige liberale Tendenzen feststellen, sei es die rechtliche Gleichstellungen von Katholiken und Protestanten, die Aufhebung der Leibeigenschaft oder die Besteuerung adligen Grundbesitzes.[86] Ferner zeigt auch die Trennung von Domanial- und Staatshaushalt und der damit einhergehende Einfluss öffentlich-rechtlicher und privatrechtlicher Aspekte auf die Ausübung der Herrschaftsgewalt Grundzüge eines modernen Staates, ebenso wie die Einführung des Ressortprinzips in der Verwaltung.[87]

IV. Schaumburg-Lippe auf dem Wiener Kongress

Nach dem Sieg über Napoleon traten die Oberhäupter der europäischen Staaten im September 1814 zum Wiener Kongress zusammen. Die politischen und territorialen Veränderungen während der napoleonischen Herrschaft verlangten nach einem neuen europäischen Staatensystem. In Bezug auf Deutschland war an eine Fortsetzung der alten Reichsverfassung nicht zu denken; auch eine bundesstaatliche Lösung schied aus.[88] Vielmehr sollten die deutschen Einzelstaaten zu einem Staatenbund

---

[81] Ebd.
[82] Niedersächsisches Landesarchiv Bückeburg F1 A XXXV 28.8: Drei Beilagen zum Akzessionsvertrag zit. nach: Fischer, S. 75.
[83] Vgl. Fischer, S. 76.
[84] So im November 1807 im Königreich Westphalen geschehen, s. Meyer, S. 74.
[85] Vgl. dazu Fischer, S. 78.
[86] Ebd.
[87] Ebd.
[88] Kotulla, Verfassungsrecht, Bd. 1, S. 30 Rn. 37.

zusammengeführt werden.[89] Dies zeichnete sich bereits in den Verträgen des Ersten Pariser Friedens von 1813 und 1814 ab, worin sowohl Rechtsform als auch die Mitglieder des geplanten deutschen Staatenbundes vorgegeben waren.[90]

Die Souveränität Schaumburg-Lippes war im Allianzvertrag mit Preußen zwar prinzipiell sichergestellt, der Einfluss auf dem Kongress allerdings sehr begrenzt. Dies zeigte sich bereits daran, dass die Mindermächtigen, wie die Kleinstaaten auf dem Kongress gemeinhin genannt wurden, nicht förmlich geladen waren, was viele kleine Monarchen veranlasste erst gar nicht persönlich anzureisen. [91] Wollte man dem Treiben in Wien beiwohnen, war Initiative gefragt; so reiste Georg Wilhelm zusammen mit Regierungspräsident Berg nach Wien.[92] Der Fürst sah darin eine Notwendigkeit, war Schaumburg-Lippe doch eines von lediglich elf verbliebenen Fürstentümern und in seinem erst siebenjährigen Bestehen an letzter Stelle stehend.[93] Das Bestehen der Souveränität des noch jungen Fürstentums hatte deshalb höchste Priorität bei den anstehenden Verhandlungen.[94] Ferner hatte sich der Fürst auf die Fahne geschrieben eine Vergrößerung des Territoriums zu erreichen sowie die lehnsrechtliche Abhängigkeit von Hessen zu beseitigen.[95] Umsetzen konnte er seine Ziele jedoch nicht.

Das Fürstentum war, wie die übrigen Kleinstaaten, nicht in die Beratungen des Deutschen Komitees eingebunden und fand auch keine Berücksichtigung in den preußischen Verfassungsprojekten.[96] Das Deutsche Komitee arbeitete an der Einrichtung des geplanten Staatenbundes; darin vertreten waren Österreich, Preußen, Bayern, Hannover und Württemberg.[97] In Erscheinung trat Schaumburg-Lippe allein mit der Unterzeichnung der sog. Kleinstaatennote, einer Note der 29 Mittel- und Kleinstaaten, in der man um mehr Mitbestimmungsrechte bat.[98] Die Note enthielt außerdem das Versprechen, landständische Verfassungen einzuführen, die die Stände

---

[89] Ebd.
[90] Vgl. Hundt, S. XXVf.
[91] Meyer, S. 107f.
[92] Meyer, S. 107.
[93] Meyer, S. 106.
[94] Meyer, S. 107.
[95] Niedersächsisches Landesarchiv Bückeburg F 1 A XXXV 28, E 72, Notizen Georg Wilhelms zu einem Vortrag Bergs, vom 26.10.1813 zit. nach: Meyer, S. 107.
[96] Vgl. Hundt, S. XXI.
[97] Vgl. Kotulla, Verfassungsrecht, Bd. 1, S. 37 Rn. 52.
[98] Kleinstaatennote vom 16. Nov. 1814 abgedruckt in: Klüber, Johann Ludwig: Acten des Wiener Congresses in den Jahren 1814 und 1815, Bd. 1, Heft 1, Osnabrück 1966, S. 72-77.

berechtigen sollten, Einfluss auf die Gesetzgebung, die Steuererhebung und Steuerverwendung zu nehmen.[99]

V. Die landständische Verfassung vom 15. Januar 1816

Bezüglich der Umsetzung des § 13 der Deutschen Bundesakte[100] folgte bereits am 15. Januar 1816 die Einführung einer von Regierungspräsident Berg erarbeiteten landständischen Verfassung.[101] Tatsächlich existierten bereits im 15. Jahrhundert in der alten Grafschaft Landstände bestehend aus Ritterschaft, Prälaten und Städten.[102] Mit der Teilung der Grafschaft verloren die Landstände immer mehr an Bedeutung und existierten unter Graf Friedrich Christian (1681-1728) nur noch in formeller Hinsicht.[103] So kann man den Landesvergleich von 1791 schließlich als Folge der faktisch nicht vorhandenen Landstände betrachten.[104] Die nun eingeführte sog. „Verordnung über die schaumburg-lippischen Landstände" selbst verweist nicht auf die frühere landständische Tradition.[105] In § 1 wird vielmehr angeführt, dass es zukünftig Landstände in Schaumburg-Lippe geben soll.

1. Inhalt

Die Verordnung vom 15. Januar umfasste elf Artikel mit folgendem Inhalt: Zunächst wurde in § 1 festgehalten, dass es fortan Landstände in Schaumburg-Lippe geben sollte. Gemäß § 2 hatten diese das Recht unter Berücksichtigung des Landesvergleichs von 1791, die Ausgaben der Verwaltung zu prüfen und die Steuerhöhe festzulegen (Ziff. 1). Ferner standen den Landständen ein Prüfungsrecht hinsichtlich der zu erlassenden Landesgesetze zu; sofern diese einen erheblichen Einfluss auf die Verfassung hatten, ist ihre Zustimmung erforderlich (Ziff. 2). Zudem durften sie zu den Steuerausgaben Anmerkungen vorbringen (Ziff. 3) und bezüglich der Erreichung des Gemeinwohls Vorschläge äußern und etwaige Missbräuche auf diesem Gebiet, sofern beweisbar, anzeigen (Ziff. 4). Wie diese Rechte wahrgenommen werden sollten, sollte indes noch näher bestimmt werden (§ 3). Die Landstände setzten sich aus der

---

[99] Ebd.
[100] Art. 13 lautet: „In allen Bundesstaaten wird eine landständische Verfassung stattfinden." in: Huber, Ernst Rudolf: Dokumente zur deutschen Verfassungsgeschichte, Bd. 1, Deutsche Verfassungsdokumente 1803-1850, 2. Aufl., Stuttgart 1961, S.78.
[101] Vgl. Verordnung die Schaumburgischen Landstände betrf. vom 15. Januar 1816, in: Landesverordnungen, Bd. 4, S. 293ff.
[102] Siehe dazu Ausführungen bei: Dißmann, Theodor: Die Landstände der alten Grafschaft Schaumburg bis zum Ende des 16. Jahrhunderts, Diss. Universität Kiel 1938, S. 50-54 sowie Lathwesen, Heinrich: Der Schaumburg-Lippische Landtag und seine Abgeordneten, Bückeburg 1974, S. 1ff.
[103] Lathwesen, S. 2f.; Meyer, S. 21.
[104] Vgl. dazu Lathwesen, S. 3.
[105] Havliza. S. 14.

Ritterschaft, Abgeordneten der Städte und Flecken, sowie Abgeordneten der „Amts-Unterthanen" zusammen (§ 4). In den §§ 5-10 wurden weitere Bedingungen an die jeweiligen Vertreter der Stände geknüpft. So mussten die Landstände der Ritterschaft mindestens 25 Jahre alt und im Besitz eines adeligen Gutes sein (§ 5). Auf dem gemäß § 11 jährlich einzuberufenden Landtag stand ihnen unabhängig von der Anzahl der Güter jeweils eine Stimme zu; zudem hatten sie persönlich zu erscheinen, durften sich allerdings auch von einem Bevollmächtigten aus ihrem Stand vertreten lassen. Die Städte Bückeburg und Stadthagen, sowie die Flecken Steinhude und Hagenburg hatten je einen Angeordneten auf den Landtag zu entsenden; diese konnten aus den Magistraten oder der Bürgerschaft stammen (§ 6). Die Ämter Bückeburg und Stadthagen sollten jeweils zwei, die Ämter Hagenburg und Arensburg je einen aus dem Bauernstand stammenden Vertreter zum Landtag schicken (§ 7). Diese mussten mindestens 30 Jahre alt sein, ihren Wehrdienst geleistet und „allezeit einen unbescholtenen Lebenswandel geführt" haben. Die Wahl der Abgeordneten erfolgte gemäß § 9 durch Wahlmänner, welche in den Ämtern Bückeburg mit 17, Stadthagen mit 19, Hagenburg mit elf und Arensburg mit fünf Wahlmännern zu ernennen waren. Die Wahl der Abgeordneten erfolgte geheim, indirekt und nach dem Mehrheitsprinzip. Wahlberechtigt waren nach § 10 der Verfassung nur Untertanen mit Grundeigentum.[106]

2. Bewertung

Inhaltlich beschränkte sich die Verordnung allein auf die Begründung der Landstände, ihrer Organisation und ihrer Privilegien.[107] Von einer formellen Verfassung kann hier insoweit keine Rede sein, geht man von dem Verfassungsbegriff Jellineks aus, wonach eine Verfassung die Staatsorganisation und die Beziehung der einzelnen Organe unter erschwerter Abänderbarkeit umschreibt.[108] Dagegen kann die Verordnung sehr wohl als materielles Verfassungsrecht eingestuft werden.

Ferner lohnt sich ein Vergleich der Verfassung und der in ihrem Prolog erwähnten Kleinstaatennote vom 16. November: Auf den ersten Blick scheinen § 2 der schaumburg-lippischen Verfassung und die in der Note vorgeschlagenen Rechte der

---

[106] Verordnung die Schaumburgischen Landstände betrf. vom 15. Januar 1816, in: Landesverordnungen, Bd. 4, S. 293ff.
[107] Havliza, S. 16.
[108] Vgl. Schliesky, Utz: Souveränität und Legitimität von Herrschaftsgewalt. Die Weiterentwicklung von Begriffen der Staatslehre und des Staatsrechts im europäischen Mehrebenensystem, Tübingen 2004, S. 40f.; Boldt, Hans: Deutsche Verfassungsgeschichte, Bd. 2, Von 1806 bis zur Gegenwart, München 1990, S. 12f.

Landstände sehr ähnlich.[109] Ein wesentlicher Unterschied ist in der Ziffer 2 der Verfassung[110] und selbiger Ziffer der Note[111] festzustellen.[112] Demnach galt das Mitbestimmungsrecht hinsichtlich der Landesgesetzgebung in Schaumburg-Lippe nur bei Gesetzen, die die Verfassung wesentlich beeinflussten, ansonsten waren die Landstände nur zur Begutachtung berechtigt.[113]

An dieser Verfassung wird der reaktionäre Einfluss des Wiener Kongresses deutlich. Anders als beispielsweise die Verfassungen von Bayern oder Württemberg, die auf Grundlage der Charte Constitutionnelle von 1814 erlassen wurden, ist die schaumburg-lippische Verfassung altständischer Natur.[114] Überdeutlich zeigt sich dies an dem Wahlsystem, welches keine direkte und von dem ganzen Volk repräsentierte Wahl erlaubte, sondern einzelnen Ständen ein indirektes Wahlrecht einräumte.[115] Allein die Vertretung der Bauern – Amts-Untertanen genannt – war neu hinzugekommen. Dadurch, dass das Wahlrecht an Grundbesitz geknüpft war, repräsentierte die so zustande gekommene Volksvertretung allerdings nur die privilegierten besitzenden Bauern und Städter. Darüber hinaus galten für die einzelnen Stände verschiedene Rechte und Anwesenheitspflichten auf dem Landtag, was auch die altständischen Züge dieser Verfassung unterstreicht.[116]

3. Die Einberufung des Landtages am 4. März 1816

Bereits am 4. März 1816 versammelte man sich in Bückeburg gemäß Art. 11 der Verfassung[117] zum Landtag. Auf der Tagesordnung standen vor allem finanzpolitische Punkte, da die letzten Kriegsjahre das kleine Fürstentum stark belastet hatten.[118] Verfassungsrechtliche Relevanz besaß dabei die Tilgung der Schulden der Landessteuerkasse durch Fürst Georg Wilhelm.[119] Damit wurde jedoch die Trennung von Domanial- und Staatshaushalt wieder aufgehoben, wodurch der Fürst ein Stück

---

[109] Vgl. auch Havliza, S. 19.
[110] Ziff. 2 der Verfassung lautet: „2) das Recht, über die zu erlassenden allgemeinen Landesgesetze ihr Gutachten zu geben und, wenn sie auf die Landesverfassung einen wesentlichen Einfluss haben, ihre Einwilligung zu denselben zu ertheilen;" in: Verordnung die Schaumburgischen Landstände betrf. vom 15. Januar 1816 in: Landesverordnungen, Bd. 4, S. 294.
[111] Ziff. 2 der Note lautet: „2.) Das Recht der Einwilligung bey neu zu erlassenden allgemeinen Landesgesetzen." in: Hundt, S. 440.
[112] Havliza, S. 19.
[113] Ebd.
[114] Vgl. Brandt, Hartwig: Der lange Weg in die demokratische Moderne. Deutsche Verfassungsgeschichte von 1800 bis 1945, Darmstadt 1998, S. 68; Havliza, S. 17f.
[115] Vgl. Havliza, S. 18.
[116] Vgl. ebd.
[117] Havliza, S. 20.
[118] Niedersächsisches Landesarchiv Bückeburg F2 Nr. 2558: Landtags-Schluß vom 18. und 29. Merz 1818.
[119] Vgl. ebd.; Havliza, S. 21.

14

weit finanzpolitischen Einfluss zurückgewann.[120] Das Mitbestimmungsrecht der Deputierten bei der Steuererhebung wurde dadurch nicht tangiert.[121] Jedoch wurde durch die erneute Zusammenführung der Kassen eine Kontrolle der Steuerausgaben seitens der Landstände in ihrer Wirksamkeit erheblich eingeschränkt.[122] Diese sollte darüber hinaus aufgrund des Finanzausgleichs erst ab dem Jahr 1818 gelten.[123] Der auch hier deutlich zu erkennende wenig fortschrittliche Charakter der landständischen Verfassung wird auch im Landtagsschluss von 1818 noch einmal deutlich; insbesondere durch seinen letzten Passus:

> *„Schließlich garantiren [sic!] Seine höchstfürstliche Durchlaucht der regierende Fürst zu Schaumburg-Lippe sc., für Sich und Höchst Ihre Regierungs-Nachfolger, allen Klassen Höchst Ihrer getreuen Unterthanen [sic!] die sämmtlichen [sic!] aus dem Landes-Vergleiche vom Jahre 1791 herrührenden landesverfassungsmäßigen Rechte und Gerechtigkeiten, und versprechen gnädigst, daß [sic!] sie dabei [sic!] jederzeit geschützt werden sollen. "[124]*

Havliza beschreibt dies treffend als eine „Vereinbarung zwischen Monarch und Ständen."[125]

VI. Die Jahre 1818 bis 1847

Die in den Folgejahren mit den Karlsbader Beschlüssen einsetzenden restaurative Entwicklungen im Deutschen Bund machte sich auch in Schaumburg-Lippe bemerkbar.[126] So wurden entgegen der landständischen Verfassung, die die jährliche Einberufung des Landtags vorschrieb, in den Jahren 1821 bis 1830 keine Landtage abgehalten.[127] Generell fanden auf dem Gebiet des Verfassungsrechts bis 1947 keine Neuerungen statt.[128] Dies zeigt sich auch in den Landesverordnungen dieser Zeit, in der sich keinerlei Gesetze befinden, deren Erlass die Zustimmung der Landstände bedurft hätten.[129] Ein Einfluss der Julirevolution 1830 in Frankreich ist im Gegensatz

---

[120] Meyer, S. 118f.
[121] Meyer, S. 119.
[122] Ebd.
[123] Niedersächsisches Landesarchiv Bückeburg F2 Nr. 2558: Landtags-Schluß vom 18. und 29. Merz 1818, S. 4f.
[124] Niedersächsisches Landesarchiv Bückeburg F2 Nr. 2558, Landtags-Schluß vom 18. und 29. Merz 1818, S. 10.
[125] Havliza, S. 21.
[126] Havliza, S. 22.
[127] Ebd.
[128] Ebd.
[129] Vgl. ebd.

zum Nachbarstaat Kurhessen, der 1831 eine Verfassungsurkunde erhielt[130], in Schaumburg-Lippe nicht zu verzeichnen gewesen.[131]

Als Reaktion auf die liberalen Bewegungen erließ der Bundestag neben dem bereits 1819 eingeführten Bundespreßgesetzes[132] zur Beschränkung der Pressefreiheit darüber hinaus 1832 mehrere Beschlüsse: Mit Beschluss vom 28. Juni 1832 wurde mit Verweis auf das Interventionsrecht des Deutschen Bundes gem. Artt. 25 und 26 WSA die Befugnisse der Landstände – besonders hinsichtlich des Rechts zur Steuerbewilligung – eingeschränkt.[133] Darauf folgte der Bundesbeschluss vom 5. Juli 1832 zur weitergehenden Beschränkung der Pressefreiheit und der Einführung eines Versammlungsverbots[134], so wie der auf eine weitere Verschärfung des Pressegesetzes zielende Beschluss vom 29. November 1832.[135]

1. Ablösungsgesetzgebung

Trotz dieser Entwicklung unternahmen die bäuerlichen Landtagsabgeordneten 1831 den Versuch, die bereits während der Rheinbundzeit zaghaft betriebene Ablösungsgesetzgebung voranzutreiben.[136] Der Erlass eines solchen Gesetzes verzögerte sich jedoch bis ins Jahr 1845 und war im Ergebnis mit den Ablösungsgesetzen anderer Staaten schwerlich vergleichbar; unter anderem deshalb, da man von einer Ablösung der Dienste komplett absah.[137] Das unzufriedenstellende Ergebnis resultierte zum einen aus der Haltung der Landesregierung, die diesbezüglich keinerlei Initiative ergriff.[138] Zum anderen wird die mangelnde Reformbereitschaft in diesem Bereich mit den durch die Feudalwirtschaft generierten Einnahmen für das fürstliche Domanialvermögen begründet.[139] Schneider hält indes ein anderes

---

[130] Polley, Landesverfassung, in: Höing, Hubert, S. 17.
[131] Havliza, S. 22.
[132] General-Rescript, die Publication der in der 35ten Bundestags-Sitzung des Jahrs 1819 gefaßten Beschlüsse betrf., vom 31. Octbr. 1819, in: Landesverordnungen, Bd. 4, S. 425f.
[133] Publicandum, den Bundes-Beschluß vom 28. Juni 1832 wegen der Befugnisse der Stände-Versammlungen betr. vom 26. Juli 1832, in: Schaumburg-Lippische Landesverordnungen, Bd. 5, Bückeburg 1839, S. 204ff.
[134] Publicandum, den Bundes-Beschluß vom 5. Juli 1832 über die Maßregeln zur Aufrechthaltung der öffentlichen Ruhe und gesetzlichen Ordnung in Deutschland betr. vom 26. Juli 1832, in: Landesverordnungen, Bd. 5, S. 208ff.
[135] Publicandum, den Bundes-Beschluß vom 29. November 1832 wegen Ausdehnung des Preßgesetzes vom 20. September 1819 auf lithographirte Zeitungen, periodische Schriften u. f. w. betr. vom 25. December 1832, in: Landesverordnungen, Bd. 5, S. 227.
[136] Schneider, Karl Heinz: Die Ablösung der Dienste und Abgaben, die Teilung der Gemeinheiten und die Rechte der Hintersassen, in: Höing, Hubert (Hrsg.): Vom Ständestaat zur freiheitlich-demokratischen Republik, S. 38f.
[137] Vgl. dazu ebd.
[138] Ebd., S. 39
[139] Ebd.

Argument für überzeugender: Die erhöhten Anforderungen an die Verwaltung im 19. Jahrhundert und der für den Kleinstaat Schaumburg-Lippe ungleich größere Aufwand der Umsetzung seien vielmehr für die Zurückhaltung ursächlich.[140]

2. Entwicklung der Gerichtsbarkeit

Im Hinblick auf die Gerichtsbarkeit veröffentlichte Fürst Georg Wilhelm am 28. Dezember 1835 die Verordnung zur Publikation der Gerichtsordnung des gemeinsamen Oberapellationsgerichts zu Wolfenbüttel,[141] um seinen Untertanen „eine promte [sic!] und geregelte Rechtspflege zu sichern."[142] Schaumburg-Lippe trat bereits 1817 dem ebenfalls für Braunschweig, Waldeck-Pyrmont und Lippe zuständigen Oberappellationsgericht bei.[143] Die Gerichtsordnung selbst kam zunächst nie über das Entwurfsstadium hinaus[144], sodass vorerst die alte Gerichtsverfassung zum Großteil in Kraft blieb.[145] Das Oberappellationsgericht ersetzte bei einem Streitwert ab 400 Reichstalern den Justizsenat als drittinstanzliches Obergericht[146], ausgenommen sämtliche Straf-, Lehen-, Militär- oder Polizeisachen, sowie geistliche und steuerliche Angelegenheiten.[147] Mit der Einführung der neuen Gerichtsordnung 1835 wurde die Zuständigkeit in Strafsachen auf das Oberappellationsgericht übertragen.[148] Daneben fungierte das Gericht in Wolfenbüttel als Berufungsinstanz beispielsweise für von der schaumburg-lippischen Justizkanzlei verhängte Todesurteile oder Geldstrafen ab 100 Reichstalern (Art. 1).[149] Nach wie vor waren Polizei- und Rügesachen, sowie Zivilklagen wegen Beleidigungen allein den landeseigenen Ober- und Untergerichten vorbehalten (Art. 5).[150] Ferner wurden die in der Gerichtsverfassung des Oberappellationsgerichts enthaltenen Vorschriften über

---

[140] Ebd.
[141] Verordnung die Publication der Ordnung des gemeinschaftlichen Oberappellations-Gerichts zu Wolfenbüttel bet., vom 28. Decbr. 1835, in: Schaumburg-Lippische Landesverordnungen, Bd. 5, S. 317-322.
[142] Ebd., S. 317.
[143] Kotulla, Michael: Deutsches Verfassungsrecht 1806-1918, Bd. 3, Berg und Braunschweig, Berlin Heidelberg 2010, S. 170.
[144] Kotulla, Verfassungsrecht, Bd. 3, S. 170.
[145] Klein, Thomas: § 10 Mecklenburg und kleinere norddeutsche Staaten, in: Jeserich, Kurt G. A. (Hrsg.): Deutsche Verwaltungsgeschichte, Bd. 2, Vom Reichsdeputationshauptschluß bis zur Auflösung des Deutschen Bundes, Stuttgart 1983, S. 760.
[146] § 1 der Verordnung das Oberappellations-Gericht betrf. vom 1. März 1817, in: Landesverordnungen, Bd. 4, S. 323; so auch Klein, S. 760.
[147] § 3 der Verordnung das Oberappellations-Gericht betrf. vom 1. März 1817, in: Landesverordnungen, Bd.4, S. 324; so auch Klein, S. 760.
[148] Art. 1 der Verordnung die Publication der Ordnung des gemeinschaftlichen Oberappellations-Gerichts zu Wolfenbüttel bet., vom 28. Decbr. 1835, in: Schaumburg-Lippische Landesverordnungen, Bd. 5, Bückeburg, S. 317.
[149] Ebd., S. 317f.
[150] Ebd., S. 319.

die sog. „Nichtigkeits-Beschwerde" im Fürstentum übernommen und fortan als „ordentliches Rechtsmittel" zugelassen.[151] Diese war streitwertunabhängig bei wesentlichen Verfahrensfehlern zulässig.[152] Zur Vereinfachung wurden im Fürstentum die Vorschriften zur Fristberechnung aus der Gerichtsordnung des Oberappellationsgerichts auf die eigenen Gerichte übertragen (Art. 12).[153] Zudem war es den Mitgliedsstaaten gestattet, vom Oberappellationsgericht Rechtsgutachten anzufordern.

Neben der Stellung als höchstinstanzliches Gericht für Schaumburg-Lippe in besagten Angelegenheiten kam dem Oberappellationsgericht zu Wolfenbüttel die Funktion eines sog. „Austrägalgerichts" – ein Schiedsgericht für Rechtsstreitigkeiten unter den Landesherren des Deutschen Bundes – zu.[154]

Damit bekam Schaumburg-Lippe zwar ein unabhängiges Obergericht, die inländische Rechtspflege war durch die „anachronistische Kabinettsjustiz durch die Doppelfunktion [der] Regierungsmitglieder als Räte der Justizkanzlei [...]" jedoch mehr als rückständig geblieben.[155]

VII. Schaumburg in der Revolution - 1848/49

1. Die Stadthagener Petition vom 12. März 1848

Im Gegensatz zum Jahr 1830 wirkten sich die Ereignisse der französischen Februarrevolution 1848 rasch auch auf das Fürstentum aus.[156] Um Aufständen vorzubeugen, ordnete Fürst Georg Wilhelm am 11. März 1848 die Einberufung der Stände für den 16. März an.[157] Dennoch kam es am 13. März zu einem Aufmarsch vor der Bückeburger Residenz, wo dem Fürsten die von der Stadthagener Volksversammlung tags zuvor verfasste Petition überreicht wurde.[158] Um das Treiben

---

[151] Ebd., S. 320.
[152] § 62 des Patents, die Erlassung der Ordnung des gemeinschaftlichen Oberappellations-Gerichts zu Wolfenbüttel betreffend, vom 16. September 1835. In: Gesetz- und Verordnungs-Sammlung für die Herzoglich Braunschweigischen Lande – GVOSlg., (Nr. 44 vom 2. Oktober) 1835, S. 691-758, abgedruckt in: Kotulla, Verfassungsrecht, Bd. 3, S. 1330.
[153] Verordnung die Publication der Ordnung des gemeinschaftlichen Oberappellations-Gerichts zu Wolfenbüttel bet., vom 28. Decbr. 1835, in: Landesverordnungen, Bd. 5, S. 321.
[154] Kotulla, Verfassungsrecht, Bd. 3, S. 170.
[155] Meyer, S. 221.
[156] Havliza, S. 24.
[157] Niedersächsisches Landesarchiv Bückeburg FA XXXV 28.47.1: Patent vom 11. März zit. nach: Havliza, S. 24.
[158] Havliza, S. 24.

aufzulösen versprach Georg Wilhelm seinen Untertanen sogleich umfassende Reformen.[159]

a) Inhalt

Die in der Petition zum Ausdruck kommenden Forderungen spiegelten die Interessen der einzelnen Bevölkerungsgruppen gleichermaßen wider. So enthielt der Forderungskatalog neben Presse- und Versammlungsfreiheit, einer Gerichts-verfahrens- und Verwaltungsreform nach wie vor auch eine verbesserte Ablösungsgesetzgebung, die Aufhebung des Äußerungswesens sowie die Einrichtung einer Landeskasse.[160] Ferner verlangte man eine Erweiterung der ständischen Rechte hinsichtlich der Gesetzgebung, eine Ausweitung des Wahlrechts und die Senkung der Steuerlast.[161] Zudem sollten die Domänen verstaatlicht und eine Zivilliste[162] ausgeworfen werden.[163] Dazu kamen noch im Hinblick auf die nationalen Einheits- und Freiheitsbestrebungen geäußerten Wünsche nach einem Parlament und einem deutschen Gesetzbuch.[164] Alles in allem waren dies für die Zeit keine ungewöhnlichen Forderungen.[165]

Andererseits tauchten andere typische liberale Forderungen, wie etwa das Aufstellen einer Volkswehr oder die Garantie von Religionsfreiheit und Freiheitsrechten nicht auf.[166] Diese Abweichungen lassen sich mit der geringen praktischen Relevanz für das Fürstentum erklären.[167]

b) Die Antwort des Fürsten

Bereits am Nachmittag des 13. März 1848 antwortete Georg Wilhelm auf die Petition: Der Fürst kam dem Ersuchen beinahe vollständig nach, einzig und allein die Forderungen nach einer Zivilliste lehnte er strikt ab.[168] In Anbetracht der Landesverschuldung und der damit verbundenen schwierigen Kreditsituation hätte dies einen Skandal für den Fürsten bedeutet, hätte er seine Finanzen offenlegen

---

[159] Ebd.
[160] Vgl. Havliza, S. 25; Meyer, S. 222f.
[161] Havliza, S. 25f.
[162] Zivilliste meint einen festgesetzten jährlichen Betrag, der dem Fürsten zur Verfügung steht.
[163] Meyer, S. 223.
[164] Havliza, S. 25.
[165] Meyer, S. 223.
[166] Havliza, S. 27.
[167] vgl. Havliza, S. 27f.; Meyer. S. 223.
[168] Meyer, S. 223.

müssen.[169] Hinzu kam außerdem, dass mit der Zivilliste die durch die Domänen erzielten Gewinne ausbleiben würden.[170]

> *Wir erwarten in Zuversicht, [...] daß diese neuen Beweise Unserer landesherrlichen Gnade Unsere lieben und getreuen Unterthanen über Unsere landesväterliche Gesinnung völlig beruhigen werde und flehen den Segen des Himmels auf das Unserm Herzen so theure Volk herab.*"[171]

Mit dieser auf das Gottesgnadentum hinweisenden Formel endete die Erklärung des Fürsten, wodurch deutlich wurde, wer noch immer die Oberhand besaß.

In einem zweiten Erlass vom selben Tage sah sich Georg Wilhelm jedoch bereit, zumindest einer Kassentrennung zuzustimmen: Die Staatsausgaben sollten demnach von der Landeskasse getragen werden, im Gegenzug sollten dieser sämtliche Steuern sowie Subventionen durch die Domanialkasse zugutekommen.[172]

2. Landtag und Gesetzgebung 1848

Den Reformwillen der städtischen Bevölkerung konnte Georg Wilhelm frühzeitig eindämmen, in dem er noch vor der Zusammenkunft der Stände etwa die souveränen Privilegien der Branntwein- und Ziegelherstellung aufhob, so dass dem Stadtbürgertum die Gründung eben jener Gewerbe offenstand.[173] Auch dem Begehren nach Presse- und Versammlungsfreiheit gab der Fürst uneingeschränkt nach.[174] Zur Umsetzung der Forderungen richtete der Fürst, wie auch in den anderen deutschen Staaten, ein sog. Märzministerium ein.

Ebenfalls erfüllt wurden die Forderungen nach einem neuen Wahlgesetz. Bereits am 17. März 1848 verabschiedete der Landtag ein neues Wahlgesetz, welches eine direkte Wahl vorsah und nach dem jeder männliche Bürger aktiv wie passiv wahlberechtigt war, sofern er mindestens 25 Jahre alt und christlichen Glaubens war.[175] Diesbezüglich blieb der Grundbesitz für Landbewohner nach wie vor Voraussetzung.[176] Zudem beschränkte das Gesetz die Vertretung der Ritterschaft auf einen Abgeordneten, und erhöhte gleichzeitig die Anzahl der Abgeordneten der Städte und Ämter, wodurch die

---

[169] Ebd.
[170] Ebd.
[171] Niedersächsisches Landesarchiv Bückeburg F 1 A XXXV, 28 78, Proklamation Georg Wilhelms vom 13.3.1848 zit. nach: Meyer, S. 223f.
[172] Meyer, S. 224; vgl. auch Havliza, S. 31.
[173] Meyer, S. 225f.
[174] Havliza, S. 31f.
[175] Schneider, Landtag, in: Höing, S. 149.
[176] Havliza, S. 33.

bürgerliche Schicht an Einfluss gewann.[177] Die Gesamtzahl der Abgeordneten belief sich auf insgesamt 20, die in ihren Wahlkreisen für drei Jahre gewählt wurden.[178] Durch die Einschränkung des an den Grundbesitz geknüpften Wahlrechts behielt die Volksvertretung jedoch ihren ständischen Charakter.[179] Dennoch wurden die Mitwirkungsrechte der Stände bei der Gesetzgebung erweitert, so dass fortan neue Gesetze nicht ohne deren Mitwirkung erlassen werden konnten.[180]

Vollkommen anders sah es bezüglich der Forderungen der Landbevölkerung hinsichtlich der unzureichenden Ablösungsgesetzgebung von 1845 aus. Hier forderte man eine deutlich niedrigere Ablösungsquote von 1:15.[181] Da dies für die Domänenkasse jedoch mit erheblichen Einbußen einherging, zögerte der Fürst die Angelegenheit hinaus.

3. Betrachtung unter verfassungsrechtlichen Gesichtspunkten

Für das Jahr 1848 lässt sich insgesamt festhalten, dass in Schaumburg-Lippe die Märzforderungen die Verfassungsentwicklung des Fürstentums in einigen Punkten vorantreiben konnten. Entscheidend waren vor allem die „Reform des ständischen Instituts" durch das Gesetz vom 17. März 1848, die in Verbindung mit den erweiterten Rechten der Stände in puncto Gesetzgebung dem Konstitutionalismus im Fürstentum einen Spalt weit die Tür öffneten.[182] Dass sowohl diese als auch Forderungen wie die nach Presse- und Versammlungsfreiheit sowie die Gleichberechtigung in Sachen Religion und Steuern gewährt wurden, wird ursächlich gewesen sein, dass deren Umsetzung ohne großen Aufwand betrieben werden konnte und sich das Machtgefüge im Fürstentum trotz allem nicht wesentlich veränderte.[183]

Die Forderung nach der Trennung des Staats- und Domanialvermögens wurden jedoch nicht umgesetzt. Genauso fehlte es an einer formellen Verfassung, wie sie in anderen Staaten in dieser Zeit verabschiedet wurden. Besonders auffallend ist hier die Tatsache, dass die Petition vom 13. März keine Forderung nach einer Verfassungsurkunde enthält.[184] Einziger Hinweis in der Petition ist der geforderte Eid auf die „Verfassung" durch Staatsdiener und Soldaten.[185] Laut Havliza lässt sich über

---

[177] Schneider, Landtag, in Höing, S. 149f.
[178] Havliza. S. 33.
[179] Vgl. Havliza, S. 41.
[180] Vgl. Havliza, S. 33.
[181] Meyer, S. 226; Der Quotient des Ablösegesetzes von 1845 lag bei 1:25.
[182] Vgl. Havliza, S. 38.
[183] Vgl. Havliza, S. 37.
[184] Havliza, S. 28.
[185] Ebd.

diesen Umstand jedoch nicht hinwegsehen, da die Petition an anderer Stelle Themen von weitaus geringerer Relevanz beinhaltet.[186] So muss davon ausgegangen werden, dass sofern das Verlangen nach einer Verfassungsurkunde bestanden hätte, dies in der Petition kenntlich gemacht worden wäre. Dafür spricht auch der Umstand, dass es die Regierung war, die im Juni 1848 erstmals den Punkt Verfassungsurkunde aufgriff.[187]

Dass die Revolution in Schaumburg-Lippe weitestgehend friedlich ablief[188], überrascht durchaus, bedenkt man die enorme politische Rückständigkeit des Fürstentums: Die Rechte der Bürger fußten zum Großteil noch allein auf dem Landesvergleich von 1791 und dem darin enthaltenen undurchsichtigen Verweis auf eine „bisherige Verfassung". Souverän war allein der Fürst, welcher sowohl in politischer als auch in wirtschaftlicher Hinsicht dominierte. Meyer beschreibt Schaumburg-Lippe zurecht als „eine der letzten kleinstaatlichen Inseln des Ancien Régime in Deutschland [...]."[189]

4. Vorbereitungen zur Vereinbarung einer Verfassungsurkunde

Je weiter die Entwicklung hinsichtlich einer deutschen Verfassung auf der Frankfurter Nationalversammlung voranschritt, desto mehr war die Eigenstaatlichkeit des kleinen Fürstentums gefährdet. Um der staatlichen Selbstbehauptung willen schien eine eigene Landesverfassung daher unumgänglich. Im Juli 1848 griffen schließlich auch die Stände erstmals das Thema Verfassungsurkunde auf.[190] Man forderte die Abkehr von einer von Gottesgnadentum herrührenden Staatsgewalt hin zu einer aus der Gesellschaft erwachsenden Staatsgewalt.[191] Die Stände sollten eine echte repräsentative Volksvertretung abgeben und ein selbstständiges Initiativrecht in Sachen Gesetzgebung erhalten. Zudem forderte man mehr Transparenz der Regierungsarbeit und die Unabhängigkeit der Gerichte.[192] Ohnehin sei man bezüglich

---

[186] Ebd., S. 28f.
[187] Havliza, S. 29 Fn. 17; In einer Stellungnahme vom 26. Juni 1848 heißt es, man wolle die Entwicklungen der Frankfurter Nationalversammlung abwarten, bevor man sich selbst mit der Verfassungsfrage auseinandersetzt, vgl. Havliza, S. 39.
[188] Zu gewaltsamen Auseinandersetzungen kam es 1848 schließlich vor dem Hintergrund des Krieges mit Dänemark, zu dem auch Schaumburg-Lippe Soldaten zu schicken hatte, als die Stadthagener Bauern die Zahlung der Kriegskontributionen verweigerten, siehe Meyer, S. 233ff.
[189] Meyer, S. 221.
[190] Havliza, S. 40.
[191] Havliza, S. 40.
[192] Vgl. Havliza, S. 40f.

der Staatsorganisation weit hinterher und benötige umfassende Reformen auf diesem Gebiet.[193] Als Vorbilder dienten die Verfassungen von Baden und Kurhessen.[194]

Auf Seiten der Regierung kam man ebenfalls zu dem Schluss, dass dem Fürstentum in dieser Lage eine Verfassung am dienlichsten sei. Auf Initiative des Regierungsrates Capaun-Karlowa bildete sich daher mit Einwilligung des Fürsten am 5. Dezember 1848 eine Verfassungskommission.[195]

5. Wahl des neuen Landtages

Zur Erarbeitung einer Verfassung sollte zunächst eine Volksvertretung gewählt werden. Da das bisherige Wahlgesetz vom 17. März 1848 die Wählbarkeit eines Abgeordneten noch immer an Grundbesitz knüpfte (s.o.), beantragte der Abgeordnete Wippermann ein neues Wahlgesetz, da die bisherige Volksvertretung als konstituierendes Organ nicht tauglich sei.[196] So wurde am 6. Dezember 1848 ein neues Wahlgesetz erlassen, welches eben jene Bedingung an den Grundbesitz aufhob, sodass das Wahlrecht jedem volljährigen Bürger zustand.[197] Die Verfassungskommission sollte dem neuem Landtag nach dessen Wahl im März 1849 einen Verfassungsentwurf vorlegen. Ein eigenes Initiativrecht war für den Landtag allerdings nicht vorgesehen.[198] Sowieso hatte der Fürst in Sachen Verfassung das letzte Wort, so dass die geplante Verfassungsgebung hier starke frühkonstitutionelle Züge aufweist.[199] Seiner zugedachten Aufgabe sollte der Landtag indes nie nachkommen, denn im Ergebnis wurde er bis ins Jahr 1867 vertagt[200]; eine Verfassung kam somit nicht zustande.[201]

6. Gründe für das Scheitern der Verfassung

a) Bezug zur deutschen Einheitsbewegung

Ein wesentlicher Punkt hinsichtlich der Beantwortung der Frage, weshalb eine Verfassungsgebung in Schaumburg-Lippe 1848/49 scheiterte, liegt in dem Verlauf der Frankfurter Nationalversammlung. Die vermeintliche Notwendigkeit einer

---

[193] Havliza, S. 41.
[194] Havliza, S. 41.
[195] Havliza, S. 43.
[196] Vgl. ebd.
[197] Vgl. Havliza, S. 41f.; Schneider, Landtag, in: Höing, S. 150.
[198] Vgl. Havliza, S. 42, Fn. 13.
[199] Vgl. Pieroth, JURA 2011, 729 (732).
[200] Ein infolge der Vertagung eingerichteter ständiger Ausschuss versuchte die Geschäfte fortzuführen, musste seine Bemühungen jedoch Anfang 1850 einstellen, da der Fürst mit Strafverfolgung drohte, sollte sich jemand weiter als Mitglied dieses Ausschusses bezeichnen, vgl. u.a. Schneider, Landtag, in: Höing, S. 150; Meyer, S. 249.
[201] Vgl. Havliza, S. 45ff.; Schneider, Landtag, in Höing, S. 150f.

Verfassungsurkunde zur Bewahrung der Eigenstaatlichkeit fiel mit dem Scheitern der Paulskirche fort. Spätestens im Juni 1849 war absehbar, dass die reaktionären Kräfte wieder Fuß fassen und der totgeglaubte Deutsche Bund wieder erstarken würde.[202]

b) Die Domänenfrage

Ein weiterer gewichtiger Grund für das Fehlschlagen der Verfassungsbewegung resultierte aus der Finanzsituation des Fürstentums. Mit dem weiteren Verlauf der Verfassungsentwicklung in den Jahren 1848/49 unweigerlich verbunden war nämlich die Domänenfrage. Die Landstände erkannten früh, dass sich der Einfluss der Revolution und somit auch ihr eigener an dieser Thematik messen musste.[203] Das Fürstentum war einer der wenigen deutschen Staaten, in denen der Auswurf einer Zivilliste noch nicht stattgefunden hatte. Bereits im Sommer 1848 forderte der Landtag die Rentkammer wiederholt auf, die Domanialeinkünfte offenzulegen, jedoch ohne Erfolg. Dabei sei laut dem Abgeordneten Wippermann Schaumburg-Lippe der einzige deutsche Staat gewesen, der sich vehement weigere seine Finanzen offenzulegen.[204] Die vom Landtag vermutete Verschuldung, die sich hinter der Blockadehaltung verbergen musste, war um ein Vielfaches höher: Die geschuldeten Zinsen für das Jahr 1849 beliefen sich auf einen schwindelerregenden Betrag von 194.005 Reichstalern.[205] Der Fürst drohte im November 1848 gar damit, bei weiterer Beharrung des Landtags auf eine Zivilliste abzudanken und das Fürstentum somit zur Mediatisierung freizugeben.[206] Dadurch kam die Debatte vorübergehend zum Erliegen. Zwar ruderte Georg Wilhelm später wieder zurück und genehmigte eine Kommission, die sich dem Thema annehmen sollte. Doch auch hier spielte die wiederaufkeimende Reaktion dem Fürsten in die Hände. Dies ermöglichte es ihm, die Domänenfrage immer weiter hinauszuzögern. Nicht einmal das Gesetz vom 2. Januar 1849, welches der Regierung eine Rechenschaftspflicht auferlegte und ihre Mitglieder anklagbar machte, konnte hieran etwas ändern.[207] Vermittlungsversuche zwischen Fürst und Landtag seitens des Regierungsrates Capaun-Karlowa blieben erfolglos. Den von ihm darüber hinaus ins Spiel gebrachte Verfassungsentwurf, der letztlich auch die Kassentrennung vorsah,

---

[202] Vgl. Meyer, S. 247.
[203] Vgl. hierzu Meyer, S. 239.
[204] Meyer, S. 243.
[205] Meyer, S. 243f.; Für Einzelheiten zur Landesverschuldung vgl. Bei der Wieden, Helge: Die Trennung des fürstlichen Hausvermögens vom Staatsvermögen in Schaumburg-Lippe, in: Höing, S. 43-56.
[206] Bei der Wieden, Die Trennung des Haus- und Staatsvermögens, in: Höing, S. 50; Meyer, S. 240.
[207] Vgl. Havliza, S. 35f.; Meyer, S. 244.

lehnte Georg Wilhelm vehement ab.[208] Auch ein zweiter Entwurf des zu Rate gezogenen Professors Helwing konnte daran nichts ändern.[209]

c) Die Haltung des Fürsten

Ungeachtet der Domänenfrage war auch sonst keine Initiative des Fürsten hinsichtlich einer Verfassung erkennbar. Für sämtliche Verfassungsbestrebungen waren immer äußere Zwänge ursächlich. Objektiv betrachtet gab es darüber hinaus keinen Anlass sich seiner eigenen Macht zu berauben. Im Juli 1849 schrieb er seinem Sohn, dem Erbprinzen Adolf Georg, er wünsche, dass sich die Verfassungsplanung solange wie möglich hinauszögere.[210] Wörtlich spricht er von einer „traurigen Revolutionszeit" und deren „verworrenen und verderblichen Zustände und Theorien".[211] In diesem Punkt dürfte sich Georg Wilhelm auch nicht groß von anderen deutschen Fürsten unterschieden haben. Dass in anderen Kleinstaaten dennoch Verfassungen erlassen worden sind, wird mitunter daran liegen, dass dort eben jene Bestrebungen noch intensiver verfolgt wurden. Zudem geschah die Verfassungsgebung in solchen Staaten, namentlich etwa Anhalt-Dessau und Waldeck und Pyrmont, frühzeitig, also unter dem nötigen äußeren Druck.[212] In Schaumburg-Lippe hingegen konnte der Fürst das Thema lange genug hinauszögern.

d) Die Bevölkerung

Im Hinblick auf die schaumburg-lippische Bevölkerung lässt sich feststellen, dass revolutionäre Kräfte beinahe gänzlich fehlten. Die Unruhen vom März 1848 resultierten zuallererst aus der Unzufriedenheit der Bauern über die unzureichenden Ablösungsgesetze begleitet von damals typischen Forderungen nach mehr politischen Rechten und Partizipationsmöglichkeiten. Eine revolutionäre Bürgerschicht, verstanden als eine sich aufgrund ihrer wirtschaftlichen Stellung und ihrer Bildung mit der Stellung des Adels konkurrierenden Gesellschaftsschicht, existierte in Schaumburg-Lippe nicht. Dies ergab sich aus der geringen Größe des Fürstentums, wodurch die Städte Stadthagen und Bückeburg nicht die notwendigen Voraussetzungen für ein solches Bürgertum schaffen konnten.[213] Der Großteil der Bürger war vielmehr vom Hofe abhängig und zeigte auch eine gewisse Sympathie für

---

[208] Siehe dazu die Artt. 97ff. des Kommissionsentwurfs bei Havliza, S. 130-132.
[209] Meyer, S. 244.
[210] Meyer, S. 248.
[211] Niedersächsisches Landesarchiv Bückeburg Dep. 7 Nr. 228, Brief Georg Wilhelms, 10.7.1849, zit. nach: Meyer, S. 248.
[212] Vgl. Havliza, S. 113.
[213] Vgl. ebd.

ihren Landesherrn. Dies veranschaulicht auch die Petition vom 9. November 1848, in der die schaumburg-lippische Bevölkerung sich gegen eine Mediatisierung des Fürstentums vor der Frankfurter Nationalversammlung ausspricht.[214] Der Patriotismus der Bevölkerung trug somit seinen Teil zum Scheitern der Verfassung bei.[215]

VIII. Schaumburg-Lippe im Neoabsolutismus

In den Jahren nach dem Scheitern der Deutschen Revolution konnte sich Schaumburg-Lippe sowohl in wirtschaftlicher als auch in politischer Weise zunehmend stabilisieren.[216] Ein einschneidendes Ereignis in den Folgejahren war der Tod Georg Wilhelms am 21. November 1860, der seinen Sohn Adolf Georg auf den Thron brachte.[217] Zu dieser Zeit brachte das angespannte Verhältnis zwischen Österreich und Preußen neue Reformdebatten in den Deutschen Bund, dessen Ende sich langsam abzeichnete.

IX. Die Verfassung von 1868

Dass es 1868 endlich zur Verabschiedung einer Verfassungsurkunde kam, resultierte aus den Gegebenheiten eben jener Zeit. Nachdem 1866 die Nachbarn Hannover und Kurhessen infolge des deutsch-dänischen Krieges von Preußen annektiert wurden, war Schaumburg-Lippe von preußischem Gebiet umkreist. Damit drohte der Souveränität des Kleinstaats wieder mal Gefahr. Die Lösung schien eine Aufnahme in den Norddeutschen Bund zu sein. Für eine Aufnahme war eine Verfassung unumgänglich, da Bismarck verlangte, dass die Parlamente der Mitgliedstaaten die Verfassung des Bundes bestätigen.[218] Da Schaumburg-Lippe als einziger Staat über eine solche Volksvertretung nicht verfügte, wurde der bis dato vertagte Landtag von Fürst Adolf Georg 1867 wieder einberufen[219], um die Erarbeitung einer Verfassung fortzusetzen.[220]

1. Inhalt

Aus dem „Verfassungsgesetz für das Fürstentum Schaumburg-Lippe vom 17. November 1868" ist folgendes hervorzuheben:

---

[214] Meyer, S. 244.
[215] Ebd.
[216] Näheres dazu bei Meyer, S. 251-270.
[217] Wiegmann, S. 277.
[218] Bei der Wieden, Die Trennung des Haus- und Staatsvermögens, in: Höing, S. 52.
[219] Die 1849 gewählten Abgeordneten und deren Nachfolger besaßen faktisch noch immer ihr Mandat, vgl. Schneider, Landtag, in: Höing, S. 150f.
[220] Bei der Wieden, Die Trennung des Haus- und Staatsvermögens, in: Höing, S. 52.

Als Mitglied des Norddeutschen Bundes kamen der Bundesverfassung und den Bundesgesetzen ein Anwendungsvorrang gegenüber der Landesverfassung und dem Landesrecht zu (Art. 2). Oberhaupt des Staates war nach wie vor der Fürst, in dem die gesamte Staatsgewalt innewohnte (Art. 5). Zudem oblag ihm die Ernennung und Entlassung seiner Regierungsmitglieder (Art. 7). Geblieben war allerdings die mit dem Gesetz vom 2. Januar 1849 eingeführte Gegenzeichnungspflicht sämtlicher Erlasse durch ein Regierungsmitglied (Art. 6).[221]

Besonders hervorzuheben sind vor allem die Rechte des Landtages, der von nun an 15 Abgeordnete umfasste (Art. 14), welche für sechs Jahre gewählt wurden (Art. 21). Dieser setzte sich aus Vertretern des Domanialgrundbesitzes, der Ritterschaft, der Stadtgemeinden, der Ämter sowie eines durch einen Geistlichen sowie eines Beamten gewählten Vertreters zusammen.[222] Dem Landtag stand sowohl ein Zustimmungsrecht hinsichtlich zu erlassender Gesetze (Artt. 8, 31f.) als auch das ein Prüfungsrecht in Bezug auf die Rechtmäßigkeit verkündeter Gesetze zu (Art. 32). Des Weiteren hatte der Landtag den jährlichen Haushalts-Etat zu genehmigen und kontrollierte die Landesfinanzen (Artt. 34f.). In diesem Zusammenhang ist zu erwähnen, dass die Trennung von Staats- und Domanialhaushalt nun endlich erfolgte (Artt. 48ff.).[223]

Ferner enthielt die Verfassung einige Übergangsbestimmungen wie etwa Art. 69, der die Trennung der Justiz von der Regierung vorsah.

Mit der Verkündigung der Verfassung traten die landständische Verfassung von 1816, der Landtagsschluss von 1818, die Verordnung zur Weiterbildung des ständischen Instituts und einige weitere Gesetze außer Kraft (Art. 80).[224]

2. Bewertung

Die Verfassung privilegierte vor allem den Fürsten. Dies zeigt sich besonders an der lange geforderten Kassentrennung, deren Umsetzung kein großer Erfolg für den Landtag bedeutete. Die Haupteinnahmequellen – die Profite der Eisenbahn, der Bergwerke und den Wäldern – blieben dem Fürsten erhalten.[225] Dies führte dazu, dass die Landeskasse fortwährend vom Fürsten bezuschusst werden musste, um die

---

[221] Stoerk, Felix (Hrsg.); Rauchhaupt, Friedrich Wilhelm von (Bearb.): Handbuch der Deutschen Verfassungen. Die Verfassungsgesetze des Deutschen Reiches und seiner Bundesstaaten nach dem gegenwärtigen Gesetzesstande, 2. Auflage, München Leipzig 1913, S. 447f.
[222] Ebd., S. 449.
[223] Ebd., S. 448-454.
[224] Ebd., S. 460.
[225] Schneider, Landtag, in: Höing, S. 151.

Ausgaben zu decken.[226] Eine besonders fortschrittliche Kassentrennung wie es sie in den anderen deutschen Staaten gab, war dies freilich nicht. Generell ist die Verfassung sehr zum Vorteil des Fürsten ausgelegt. Vor allem im Bezug auf den Landtag zeigt sich, dass dieser nur insoweit begünstigt wurde, wie der Fürst es erlaubte.[227] Betrachtet man seine Zusammensetzung, fällt auf, dass der Landtag sehr ständisch geprägt war und somit im Vergleich zu der 1849 gewählten Volksvertretung rückständig war.[228] Selbiges gilt auch für das am selben Tag erlassene Wahlgesetz.[229] Danach waren allein die Abgeordneten der Städte und Ämter von jedem Wahlberechtigten wählbar (Art. 7), die Wahl eines Vertreters der Ritterschaft etwa stand nur Personen aus dem Ritterstand zu (Art. 3), war also an Grundbesitz gebunden.[230]

Für echte Bürgerrechte fehlte es der schaumburg-lippischen Verfassung an einem Grundrechtekatalog, wie ihn etwa die preußische Verfassung von 1850 besaß.[231]

X. Weiterer Verlauf bis Weimar

Die Ablösungsgesetzgebung, die nach der Auflösung des Landtages 1849 nicht weiterverfolgt wurde, sollte erst nach 1870 durch preußische Einflüsse die lang ersehnte Modernisierung erhalten, durch die Untertanen ihre auf Grund und Boden lastenden Pflichten und Abgaben ablösen konnten.[232] Mit dem Sieg über Frankreich und der Kaiserkrönung Friedrich Wilhelms ging der Norddeutsche Bund im Deutschen Kaiserreich auf, sodass das Fürstentum fortan Bundesstaat im selbigen – mit sämtlichen Rechten und Pflichten – war.

In der Zeit um die Jahrhundertwende vollzogen sich zwei weitere Herrschaftswechsel: Nach dem Tode Adolf Georgs 1893 übernahm sein Sohn Georg die Regentschaft, bis dieser 1911 ebenfalls verschied.[233] An seiner statt regierte darauf der Erbprinz Adolf als letzter amtierender Fürst zu Schaumburg-Lippe.[234] Nach dem Ende des Ersten Weltkriegs legte er die Regentschaft nieder und Schaumburg-Lippe wurde Freistaat in der Weimarer Republik.

---

[226] Vgl. ebd.
[227] Vgl. ebd.
[228] Ebd.
[229] Wahlgesetz vom 17. November 1868, in: Landesverordnungen, Bd. 10, S. 435-440.
[230] Ebd.
[231] Vgl. preußische Verfassungsurkunde vom 31. Januar 1850, in: Stoerk, Deutsche Verfassungen, S. 273-276.
[232] Schneider, Ablösung, in: Höing, S. 40; Wiegmann, S. 279.
[233] Wiegmann, S. 280f.
[234] Ebd., S. 283f.

XI. Abschluss

Betrachtet man die Verfassungsentwicklung in Schaumburg-Lippe fällt auf, dass sämtliche verfassungsrechtlichen Bestrebungen stets eine Reaktion auf Druck von außen darstellten. Dies gilt ausnahmslos für den gesamten Untersuchungszeitraum. Die Notwendigkeit dieser Maßnahmen resultierte aus der immer wiederkehrenden Bedrohung der Souveränität des Kleinstaates, wie etwa durch die napoleonische Ära, die Märzrevolution 1848 und die Zeit der Einigungskriege. Dadurch gab es immer wieder Phasen des Fortschritts und Phasen, in denen ein reaktionärer Geist versuchte Fuß zu fassen. In dieser Hinsicht war Schaumburg-Lippe jedoch kein Einzelfall, vielmehr durchlebten beinahe alle deutschen Staaten eine solche Entwicklung. Im Falle Schaumburg-Lippes offenbart sich der schmale Grat politischen Könnens, der über den Fortbestand des Fürstentums und seiner Auflösung verlief. Diese Gratwanderung hat Schaumburg-Lippe gekonnt gemeistert, sollte es doch bis 1946 eigenständig bleiben.

Im Bezug auf das in der Einleitung genannte Zitat ist festzuhalten, dass das Fürstenhaus tatsächlich sehr lange seine Vorherrschaft behaupten und konstitutionelle Veränderungen erfolgreich abwehren konnte. Möglich machten dies vor allem die geringe Größe des Fürstentums sowie die wirtschaftliche Dominanz des Fürsten und die Abhängigkeit sowie der Patriotismus der Bevölkerung zu ihrem Landesherrn. Hieraus ergaben sich zwangsweise andere – im speziellen „gutsherrliche" – Verhältnisse, als in anderen Staaten. Dennoch konnten sich der Landtag zwischenzeitlich mehr Rechte aneignen und auch die Bürger erhielten schlussendlich das ersehnte Ablösungsgesetz, auch wenn der Weg ein sehr langer war.

Milton Keynes UK
Ingram Content Group UK Ltd.
UKHW042212310723
426074UK00023B/513